Langenscheidt

Wie heißt das?

Die 1.000 ersten deutschen Wörter

Langenscheidt

Projektleitung: Evelyn Glose
Redaktionelle Mitarbeit: Patricia de Crignis, Lena Kallsen
Zeichnungen: Katrin Merle
Grafiken Münzen S. 34-35 oben: janvier/fotolia
Grafiken Geldscheine S. 35-36 oben: Julydfg/fotolia
Landkarten: Bildungshaus Schulbuchverlage Westermann Schroedel Diesterweg
Schöningh Winklers GmbH, Braunschweig

2. Auflage 2020

www.langenscheidt.com

© 2016 PONS GmbH, Stöckachstraße 11, 70190 Stuttgart
Layout: Anja Dengler, Werkstatt München GbR
Satz: Franzis print & media GmbH, München
Printed in Europe

ISBN 978-3-12-563223-3

Inhalt

die Erstaufnahme

die Unterkunft

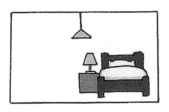

das Einzelzimmer

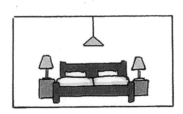

das Doppelzimmer

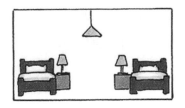

das Zweibettzimmer

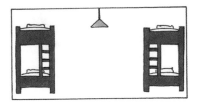

das Mehrbettzimmer

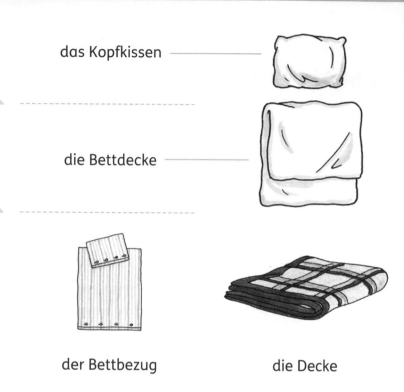

das Kopfkissen

die Bettdecke

der Bettbezug

die Decke

der Nachbar

der Aufzug

die Bewohner-
versammlung

der Hausmeister

kaputt

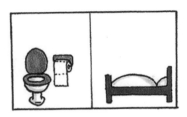

das Zimmer mit Bad

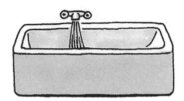

die Badewanne

die Dusche

das Waschbecken

das Handtuch

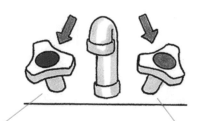

das warme Wasser   das kalte Wasser

das Trinkwasser

kein Trinkwasser

der Balkon

die Toilette

die Damentoilette

die Herrentoilette

rauchen

nicht rauchen

der Schlüssel

der Schrank

das WLAN

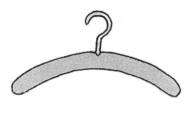

der Kleiderbügel

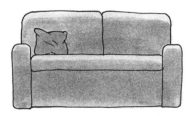

das Sofa

der Sessel

der Teppich

die Blume

die Vase

das Bild

der Bilderrahmen

die Lampe

die Glühbirne

der Fernseher

die Satellitenschüssel

die Steckdose

der Stecker

das Verlängerungskabel

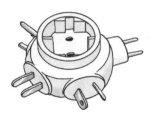

der Mehrfachstecker

der Kühlschrank

der Herd

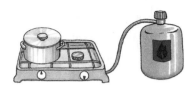

der Gaskocher

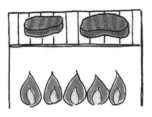

der Grill

der Wickeltisch

die Waschmaschine

der Wäscheständer

das Bügeleisen

die Heizung

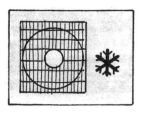

die Klimaanlage

der Ventilator

der Mülleimer

 die Verpackung

die gelbe Tonne

der Biomüll

die Biotonne

das Altpapier

die Papiertonne

der Restmüll

die Restmülltonne

das Altglas

der Glascontainer

das Flugzeug

der Check-in-Schalter

der Check-in-Automat

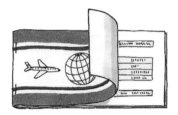

das Flugticket

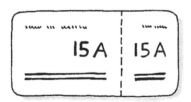

die Bordkarte

der Reisepass

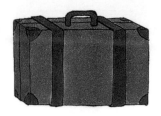

der Koffer

der Rucksack

der Zug

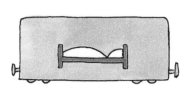

der Schlafwagen

der Fahrkartenschalter

die Fahrkarte

die Information

der Informationsschalter

das Schiff

die Fähre

die Barkasse

der Bus

die U-Bahn

die S-Bahn

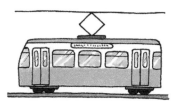

die Straßenbahn

das Taxi

das Auto

der Reifen

die Schneeketten

der Autoschlüssel

der Airbag

der Kindersitz

das Navi(gationsgerät)

die Tankstelle

der Parkplatz

der Parkscheinautomat

das Motorrad

der Motorroller

der Helm

der Führerschein

das Fahrrad

das Fahrradschloss

die Luftpumpe

der Fahrradkorb

der Fahrradsitz

der Kinderwagen

der Regenschirm

die Handtasche

die Straße

der Weg

die Brücke

der Kreisverkehr

der Fahrradfahrer   der Fußgänger

die Fußgängerin

der Fahrradweg   der Gehweg

rechts abbiegen

links abbiegen

wenden

geradeaus

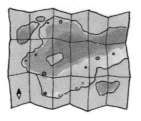

die Landkarte

der Stadtplan

lieben

verheiratet

lesbisch

schwul

groß/klein

dick/dünn

der Großvater

die Großmutter

die Großeltern

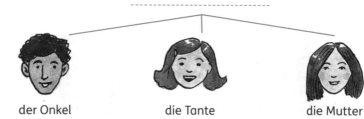

der Onkel   die Tante   die Mutter

der Cousin

die Schwester

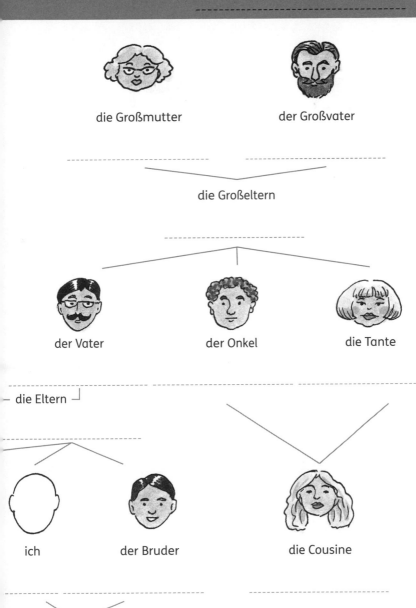

die Großmutter

der Großvater

die Großeltern

der Vater

der Onkel

die Tante

die Eltern

ich

der Bruder

die Cousine

die Geschwister

blind

taub

stumm

sich begrüßen

sich umarmen

teilen

schenken

tauschen

Ja

Nein

------------------------------   ------------------------------

fröhlich

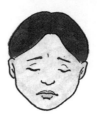

traurig

ängstlich

wütend

Danke

die Bank

das Geld

die Kreditkarte

der Bankautomat

die Bankkarte

ein Cent · zwei Cent · fünf Cent

 ·

zehn Cent · zwanzig Cent

 ·

fünfzig Cent · ein Euro

zwei Euro

fünf Euro

zehn Euro

zwanzig Euro

fünfzig Euro

hundert Euro

zweihundert Euro

fünfhundert Euro

der Geldbeutel

Was kostet ...?

kaufen

das Bekleidungsgeschäft

geschlossen

offen

der Supermarkt

der Einkaufswagen

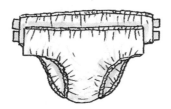

die Windel

der Schnuller

die Babyflasche

der Bäcker

der Obst- und
Gemüsehändler

der Optiker

die Brille

der Friseur

der Markt

die Buchhandlung

der Metzger

der Getränkemarkt

der Juwelier

die Halskette

der Armreif

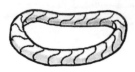

das Armband

die Uhr

die Ohrringe

der Ring

der Waschsalon

das Spielwarengeschäft

das Kuscheltier

die Puppe

das Spielzeugauto

der Flohmarkt

Hunger haben

Durst haben

das Frühstück

----

das Müsli

die Cornflakes

die Milch

-----------------------------   -----------------------------

die Sojamilch

der Joghurt

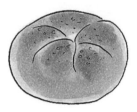

das Brötchen

die Brezel

das Toastbrot

der Bagel

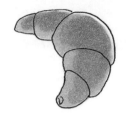

das Croissant

der Pancake

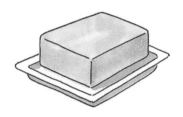

die Butter

der Käse

die Salami

der Schinken

der Honig

die Marmelade

das Ei

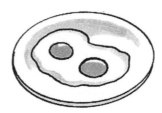

das Spiegelei

das Rührei

das Omelett

das Mittagessen

das Abendessen

das Weißbrot

das Vollkornbrot

das Knäckebrot

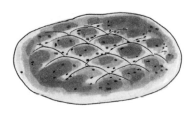

das Fladenbrot

die Pita

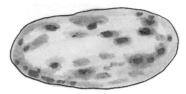

das Naan

die Folienkartoffel

die Bratkartoffeln

die Pommes

die Spaghetti

die Spiralnudeln

die Tortellini

der Reis

der Grieß

der Couscous

das Falafel

die Suppe

der Salat

die Mezze

das Sandwich

die Gewürzgurke

der Burger

der Döner

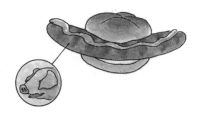

der Wrap

die Pizza

die Bratwurst

der Fleischspieß

der Tofu

die Köfte

das Sushi

viel/wenig

der Kuchen

die Sahne

das Baklava

der Keks

das Eis

der Pudding

die Schokolade

der Schokoriegel

das Bonbon

das Leitungswasser

das Mineralwasser

die Karaffe Wasser

der Saft

die Cola

der Eiswürfel

der Strohhalm

die Tasse Kaffee

---- ----

der Espresso

der Tee

---- ----

der grüne Tee

der schwarze Tee

----

der Teebeutel

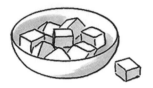

der Zucker

die Milch

der Kakao

das helle Bier

das dunkle Bier

der Weißwein

der Rosé

der Rotwein

der Sekt

----

der Schnaps

der Cocktail

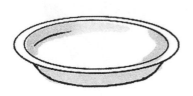

der Teller

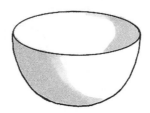

die Schüssel

die Serviette

das Messer

die Gabel

der Löffel

der Teelöffel

die Stäbchen

die Tasse

das Glas

das Weinglas

das Sektglas

die Flasche

der Topf

der Kochlöffel

die Pfanne

die Auflaufform

der Toaster

die Rührschüssel

der Schneebesen

der Handmixer

das Sieb

das Backblech

das Salatbesteck

der Zahnstocher

der Dosenöffner

der Korkenzieher

der Flaschenöffner

kochen

braten

backen

grillen

das Öl

der Essig

das Salz

der Pfeffer

das Paprikapulver

das Chilipulver

das Currypulver

die Sojasoße

das Ketchup

die Chilisoße

das Ajvar

der Apfel

die Birne

die Banane

die Kirsche

die Erdbeere

die Pflaume

der Pfirsich

die Aprikose

die Trauben

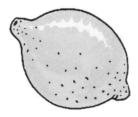

die Zitrone

die Limette

die Orange

die Pampelmuse

die Wassermelone

die Honigmelone

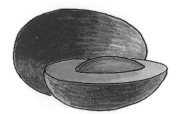

die Mango

die Kiwi

der Granatapfel

die Ananas

die Papaya

die Kokosnuss

die Passionsfrucht

die Mangostan

die Drachenfrucht

die Sternfrucht

die Feige

die Datteln

die Haselnüsse

die Walnüsse

die Mandeln

die Erdnüsse

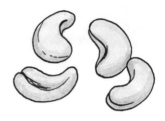

die Cashewnüsse

die Pistazien

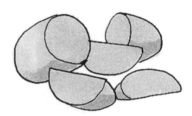

die Kartoffel

die Süßkartoffel

die Tomate

die Aubergine

der/die Paprika

die Spitzpaprika

die Peperoni

die Gurke

die Zucchini

der Kürbis

der Weißkohl

der Brokkoli

der Blumenkohl

der Chinakohl

die Karotte

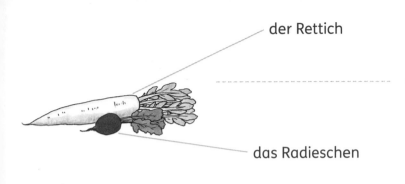

der Rettich

---

das Radieschen

die Zwiebel

der Lauch

die Lauchzwiebel

der Knoblauch

der Fenchel

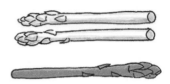

der Spargel

der Mais

die Avocado

die Artischocke

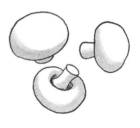

die Champignons

der giftige Pilz

die Morcheln

die grünen Bohnen

die Kidneybohnen

die Sojasprossen

die Kichererbsen

die Erbsen

die Linsen

die schwarzen Oliven

die grünen Oliven

der Ingwer

das Rind

das Kalb

das Schwein

der Hirsch

die Ziege

das Lamm

das Kaninchen

das Pferd

das Huhn

der Truthahn

die Gans

kein / nicht ...

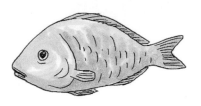

der Fisch

die Sardinen

der getrocknete Fisch

der Dosenfisch

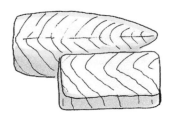

das Fischfilet

die Muscheln

der Krebs

die Garnele

der Tintenfisch

der Frosch

die Schnecke

das Fleisch

das Steak

das Würstchen

das Brathähnchen

der Hähnchenschenkel

das Putenschnitzel

das Hackfleisch

die Innereien

----

die Nieren   das Hirn

--------------------------   --------------------------

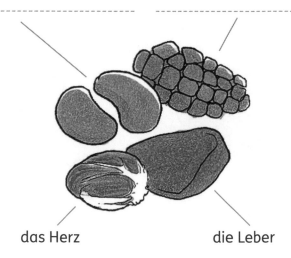

das Herz   die Leber

--------------------------   --------------------------

das Hemd

die Bluse

das T-Shirt

der Pullover

der Rock

das Kleid

die Jeans

die kurze Hose

der Gürtel

der Anorak

die Regenjacke

die Jacke

das Jackett

die Krawatte

der Kimono

der Sarong

der Sari

der Poncho

die Mütze

die Kappe

das Kopftuch

der Schal

die Handschuhe

der Schlafanzug

die Socken

die Strumpfhose

die Unterhose

der BH

der Badeanzug

die Badehose

die Turnschuhe

die Schuhe

die Pumps

die Sandalen

die Flipflops

die Wanderschuhe

die Gummistiefel

die Stiefel

die Kleiderkammer

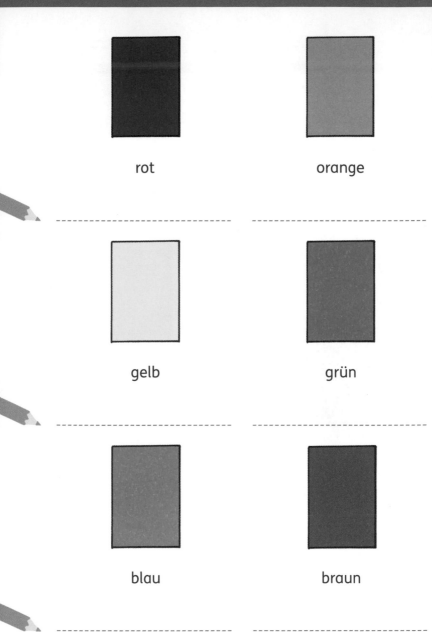

rot

orange

gelb

grün

blau

braun

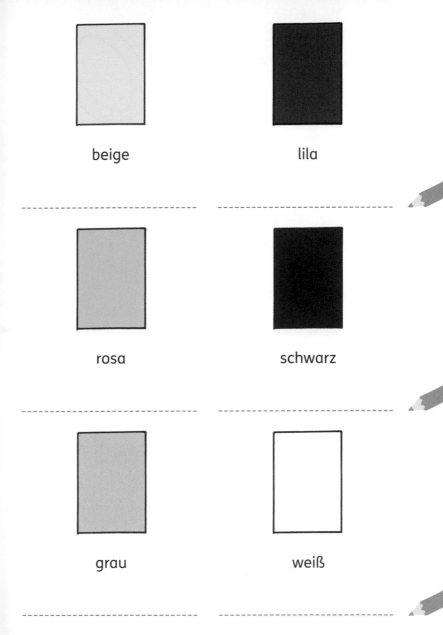

beige

lila

rosa

schwarz

grau

weiß

das Gold

das Silber

die Bronze

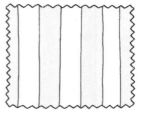

gestreift

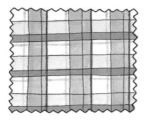

kariert

gemustert

die Zahnbürste

die Zahnpasta

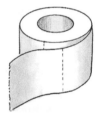

das Toilettenpapier

das Taschentuch

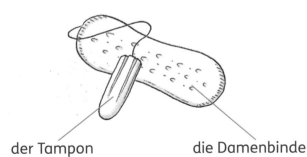

der Tampon   die Damenbinde

die Seife

das Duschgel

das Shampoo

das Deo

das Parfüm

die Creme

das Kondom

der Föhn

die Haarbürste

der Kamm

das Haargel

das Haarspray

der Rasierapparat

der Rasierpinsel

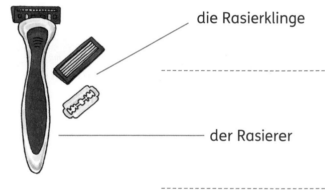

die Rasierklinge

der Rasierer

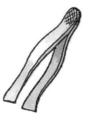

die Pinzette

der Nagelknipser

die Nagelfeile

die Wimperntusche

der Lippenstift

die Kontaktlinse

die Kontaktlinsenlösung

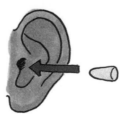

der Ohrstöpsel

der Körper

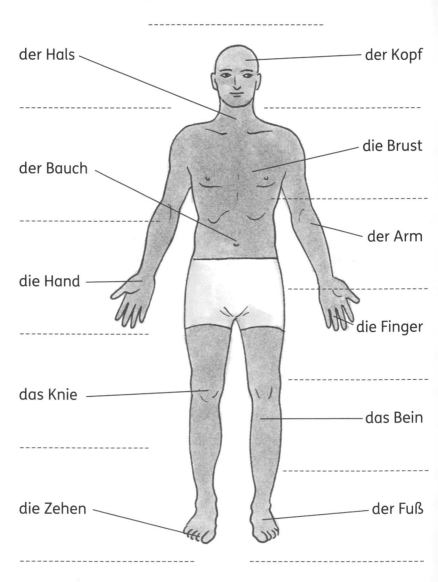

der Hals

der Kopf

die Brust

der Bauch

der Arm

die Hand

die Finger

das Knie

das Bein

die Zehen

der Fuß

die Schulter

der Nacken

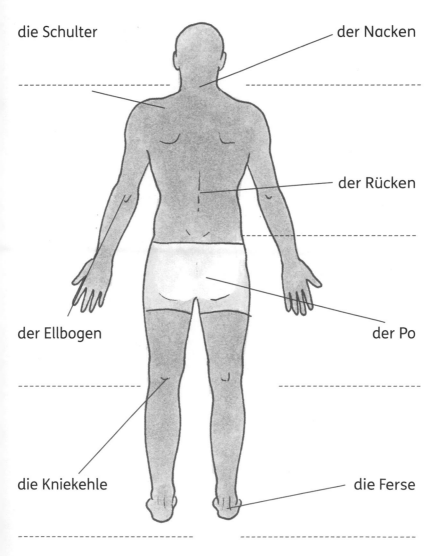

der Rücken

der Ellbogen

der Po

die Kniekehle

die Ferse

die Organe

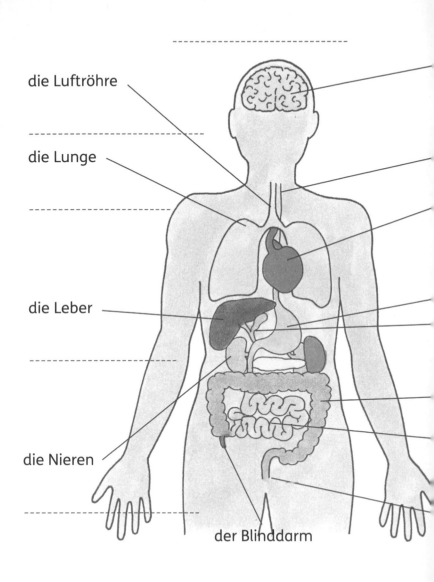

die Luftröhre

die Lunge

die Leber

die Nieren

der Blinddarm

das Gehirn

die Speiseröhre

das Herz

der Magen

die Gallenblase

der Dickdarm

der Dünndarm

der Enddarm

die Spritze

impfen

Blut abnehmen

Aids

die Verbrennung

der Sonnenbrand

der Durchfall

die Verstopfung

erbrechen

der Schwindel

schwitzen

frieren

der Heuschnupfen

der Mückenstich

------------------------------ ------------------------------

der Wespenstich

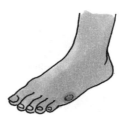

die Warze

------------------------------ ------------------------------

die Mullbinde

das Pflaster

------------------------------ ------------------------------

die Salbe

die Tabletten

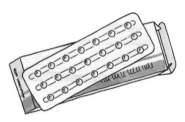

die Pille

die Tropfen

das Fieberthermometer

die Atemnot

der Herzinfarkt

die Operation

die Krücken

der Gips

der Rollstuhl

der Arzt, die Ärztin

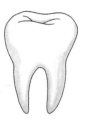

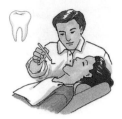

der Zahnarzt

der Zahn

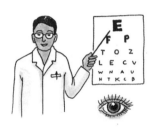

der Augenarzt

die Kinderärztin

der Psychologe

der Patient

die Feuerwehr

der Feuerlöscher

der Krankenwagen

der Hubschrauber

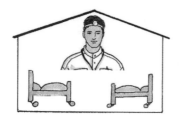

das Krankenhaus

die schwangere Frau

das Baby

die Hebamme

die Mutter

die Apotheke

das Rezept

die Wärmflasche

die Hausapotheke

die Polizei

der Autounfall

der Raubüberfall

der Diebstahl

der Anwalt

die Ausländerbehörde

das Formular

der Stempel

das Konsulat

das Handy

der Empfang

der volle Akku

der leere Akku

das Ladekabel

die SIM-Karte

Skype®

das Telefon

das öffentliche Telefon

das Internetcafé

der/das Laptop

das WLAN

die E-Mail-Adresse

die CD-ROM

der USB-Stick

das USB-Kabel

die Post

der Briefkasten

der Brief

der Briefumschlag

die Briefmarke

das Papier

die Postkarte

das Paket

die Kirche

die Moschee

der Tempel

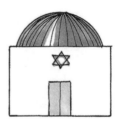

die Synagoge

christlich

muslimisch

hinduistisch

buddhistisch

jüdisch

orthodox

die Bibel

der Koran

fasten

der Ramadan

der Gebetsteppich

das Meer

surfen

das Motorboot

der Strand

die Sonnencreme

das Mückenspray

der Sonnenschirm

der Sonnenhut

die Sonnenbrille

die Wüste

das Frisbee®

der See

der Fluss

das Kanu

angeln

das Schlauchboot

der Rettungsring

die Schwimmweste

das Picknick

die Burg

die Berge

die Seilbahn

wandern

klettern

mountainbiken

das Zelt

der Schlafsack

die Taschenlampe

Ski fahren

Schlitten fahren

der Baum

----

der Wald

reiten

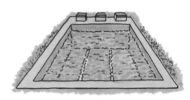

das Schwimmbad

------------------------------ ------------------------------

der Nichtschwimmer

----

der Schwimmer

------------------------------ ------------------------------

die Schwimmflügel

die Sporttasche

das Yoga

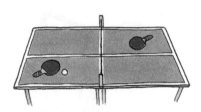

Tischtennis spielen

Tennis spielen

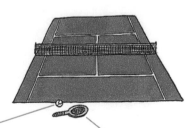

der Tennisball

der Tennisschläger

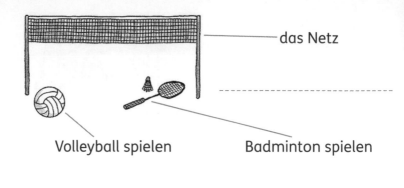

das Netz

_____

Volleyball spielen   Badminton spielen

_____

Basketball spielen   der Fußball

_____

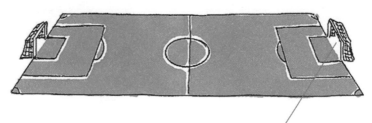

Fußball spielen   das Tor

_____

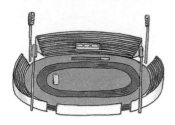

das Stadion

Boule spielen

Billard spielen

Kicker spielen

Schach spielen

Mancala spielen

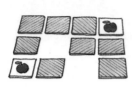

Memory® spielen

seilspringen

------------------------------ ------------------------------

der Spielplatz

die Schaukel

------------------------------ ------------------------------

die Rutsche

der Sandkasten

------------------------------ ------------------------------

Verstecken spielen

das Konzert

leise

laut

der Chor

die Geige

die Flöte

die Trommel

das Klavier

die Gitarre

der Zoo

das Museum

das Theater

das Kino

die Disco

tanzen

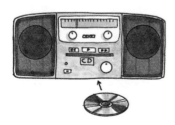

der CD-Player

das Radio

der MP3-Player

der Fotoapparat

das Foto

die Videokamera

die Zeitung   die Zeitschrift

die Speicherkarte

das Ladegerät

der Akku

die Batterien

das Restaurant

die Speisekarte

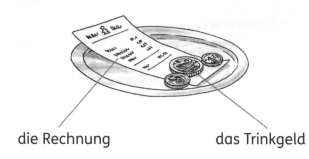

die Rechnung

das Trinkgeld

das Café

die Bar

die Wasserpfeife

die Zigarette

die Zigarre

der Tabak

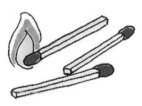

das Streichholz

das Feuerzeug

die Erzieherin   der Kindergarten

-------------------------   -------------------------

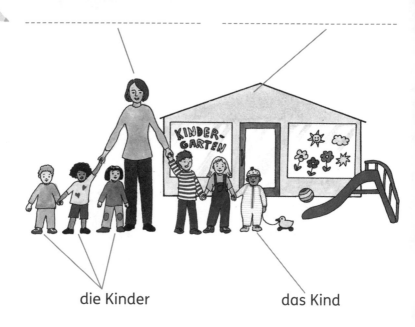

die Kinder   das Kind

-------------------------   -------------------------

die Schule   das Klassenzimmer

-------------------------   -------------------------

der Unterricht

der Lehrer

das Mädchen

der Junge

die Uhr

die Pause

essen

die Kreide

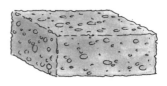

der Schwamm

der Schulranzen

das Heft

das Buch

der Bleistift

spitz/stumpf

der Füller

der Kugelschreiber

die Buntstifte

die Wasserfarben

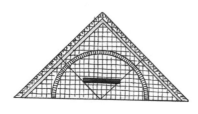

das Geodreieck

das Lineal

die Turnhalle

die Sportkleidung

der Turnbeutel   das Sportshirt

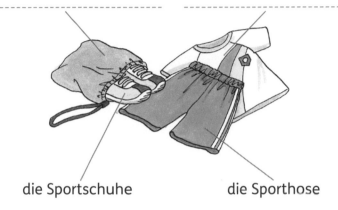

die Sportschuhe   die Sporthose

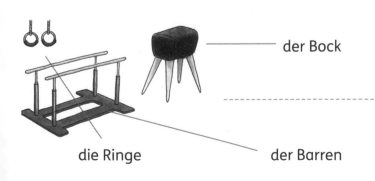

der Bock

die Ringe   der Barren

die Trinkflasche

die Brotdose

die Nachhilfe

der Schüler

erklären

der Pausenhof

das Zeugnis

----

der Sprachkurs

die Tafel

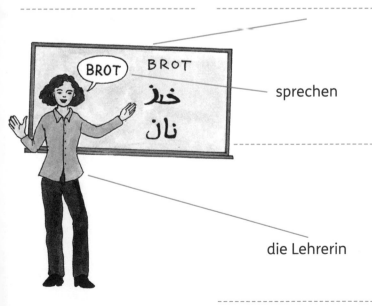

sprechen

----

die Lehrerin

der Berufsabschluss

----

der Studienabschluss

der Mechaniker

der Abschleppwagen

die Autowerkstatt

die Ölkanne

die Autobatterie

der Reifendruck

der Wagenheber

das Überbrückungskabel

die Reinigungskraft

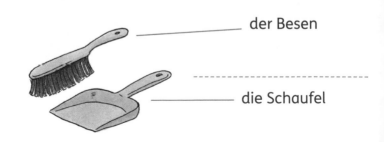

der Besen

die Schaufel

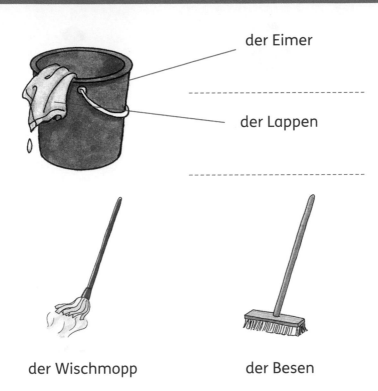

der Eimer

der Lappen

der Wischmopp

der Besen

der Schwamm

der Staubsauger

der Kellner

die Kellnerin

der Koch

die Köchin

der Barbier

der Friseur

die Friseurin

die kurzen Haare

die langen Haare

die Locken

der Zopf

der Pferdeschwanz

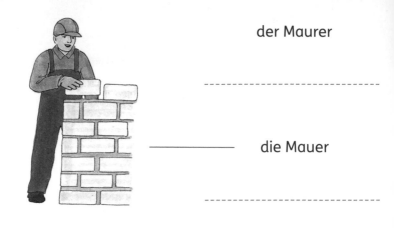

der Maurer

----

die Mauer

----

der Stoff   die Nähmaschine

----------------------------   ----------------------------

der Schneider   die Schneiderin

----------------------------   ----------------------------

die Nadel　　　　der Faden

der Knopf

die Sicherheitsnadel

die Schere

das Taschenmesser

das Klebeband

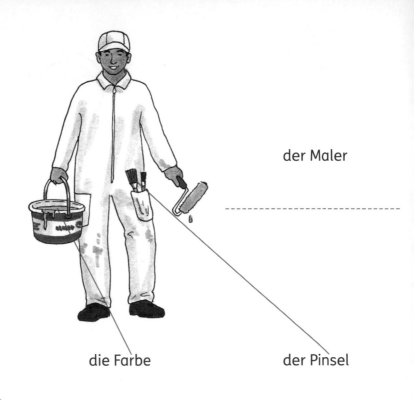

der Maler

----

die Farbe

----

der Pinsel

die Leiter

der Hammer

----

der Schreiner

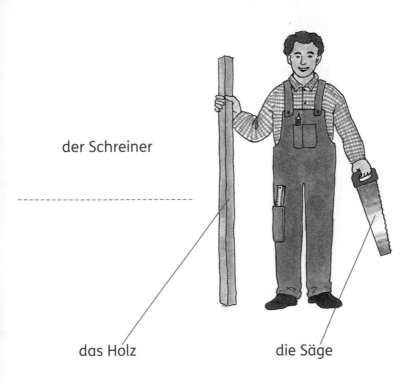

das Holz

die Säge

der Nagel

die Zange

der Elektriker

das Kabel

der Strom

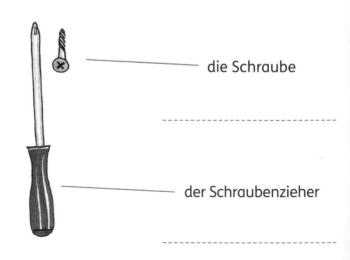

die Schraube

der Schraubenzieher

der Helm

die Schaufel

der Bauarbeiter

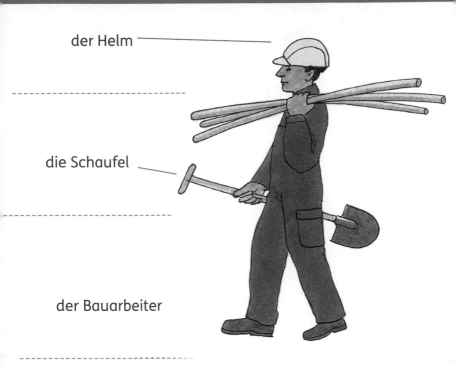

die Säge

die Bohrmaschine

der Arzt

die Ärztin

-------------------------------   -------------------------------

die Infusion

der Patient

-------------------------------   -------------------------------

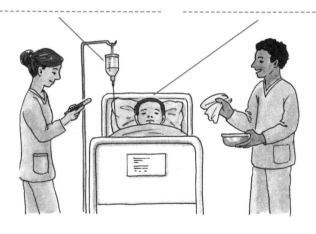

die Krankenschwester   der Krankenpfleger

-------------------------------   -------------------------------

das Büro

der Computer

der Angestellte

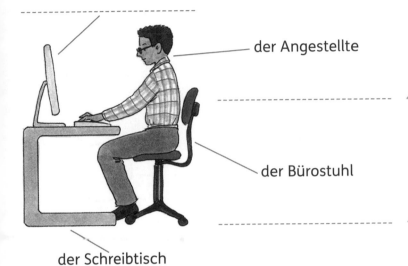

der Bürostuhl

der Schreibtisch

die Agentur für Arbeit

der Regen

der Schnee

der Hagel

die Sonne

das Gewitter

der Wind

Es ist warm.

Es ist kalt.

schwitzen

frieren

Viertel nach zwölf

halb eins

Viertel vor eins

ein Uhr

rund um die Uhr

———— die Uhr

morgens

mittags

abends

nachts

1   2   3

eins   zwei   drei

4   5   6

vier   fünf   sechs

7   8   9

sieben   acht   neun

10

zehn

11

elf

12

zwölf

13

dreizehn

14

vierzehn

15

fünfzehn

16

sechzehn

17

siebzehn

18

achtzehn

19

neunzehn

20

zwanzig

30

dreißig

40
vierzig

50
fünfzig

60
sechzig

70
siebzig

80
achtzig

90
neunzig

100 1000

hundert   tausend

- - - - - - - - - - - - -   - - - - - - - - - - - - -

10 000 100 000

zehntausend   hunderttausend

- - - - - - - - - - - - -   - - - - - - - - - - - - -

1 000 000

eine Million

- - - - - - - - - - - - -

Dänemark

Nordsee

Sylt

Ostsee

Flensburg

Fehmarn

Rügen

Kiel

Schleswig-
Holstein

Rostock

Mecklenburg-
Vorpommern

Helgoland
(zu Schleswig-Holstein)

Bremerhaven
(zu Bremen)

Stettin
(Szczecin)

Hamburg

Schwerin

Hamburg

Groningen

Bremen

Brandenburg

Polen

Niederlande

Oldenburg

Bremen

Zwolle

Niedersachsen

Berlin

Potsdam

Berlin

Hannover

Osnabrück

Braunschweig

Sachsen-

Münster

Magdeburg

Anhalt

Nordrhein-

Deutschland

Essen

Dortmund

Cottbus

Duisburg

Westfalen

Halle

Leipzig

Düsseldorf

Kassel

Dresden

Köln

Hessen

Erfurt

Jena

Chemnitz

Belgien

Gießen

Thüringen

Sachsen

Prag
(Praha)

Rheinland-

Wiesbaden

Frankfurt

Eger (Cheb)

Luxem-
burg

Pfalz

Mainz

Tschechische

Trier

Darmstadt

Würzburg

Bayreuth

Pilsen (Plzeň)

Luxemburg

Saarland

Nürnberg

Republik

Saarbrücken

Metz

Bayern

Karlsruhe

Baden-

Budweis
(České Budějovice)

Frankreich

Straßburg
(Strasbourg)

Stuttgart

Regensburg

Linz

Tübingen

Epinal

Augsburg

Württemberg

Colmar

Freiburg

München

Salzburg

Belfort

Bodensee

Basel

Zürich

Bregenz

Schweiz

Vaduz

Innsbruck

Österreich

Liechtenstein

Italien

Reykjavík
Island

Europäisches

Nordmeer

Atlantischer

Ozean

Färöer
(Dän.)

Norwegen

Schweden

Orkney-
Inseln

Shetland-
Inseln

Oslo

Åla
Inse

Stockholm

Nordirland

Nordsee

Irland Dublin

**Vereinigtes
Königreich
Großbritannien**

Dänemark

Kopenhagen

zu
Russ

Niederlande

London

Amsterdam
Brüssel

Berlin

Pole

Warsch

Kanalinseln
(G.-B.)

Der Kanal

Belgien

Deutschland

Paris

Lux. Luxemburg

Prag

**Tschechische
Republik**

Slow

E U R O P A

Bern
Schweiz

Liechtenstein
Vaduz

Wien

Bratislava

Österreich

Budapest

Frankreich

Slowenien
Ljubljana

Ungar

Portugal

Madrid

Andorra

Monaco

San
Marino

Zagreb

Kroatien

Belg

Bosnien u.
Herzegowina
Sarajevo

Ser

Lissabon

S p a n i e n

Korsika

Italien

Rom

Montenegro
Podgorica

Ko
Pri

Sko

Gibraltar
(G.-B.)

Balearen

Vatikanstadt

Tirana

Alban

Ceuta
(Spanien)

Sardinien

Tyrrhenisches

Rabat

Melilla
(Spanien)

Algier

Meer

Marokko

Algerien

Tunis
Tunesien

Sizilien

Ionisches

Valletta
Malta

Meer

M i t t

© westermann

Barentssee

Maßstab 1 : 24 000 000
0   200   400   600 km

Finnland

Helsinki

Tallinn
Estland

Riga
Lettland

Litauen
Vilnius

Minsk
Weißrussland
(Belarus)

R u s s l a n d

Moskau

Kiew

U k r a i n e

Moldau
Kischinau

Krim
(von Russland
kontrolliert)

Rumänien

Bukarest

S c h w a r z e s   M e e r

Bulgarien
Sofia
lazedonien

Ankara

T ü r k e i

Ägäisches
Meer

Athen

Griechen-
land

Kreta

Nikosia

Zypern   Libanon
Beirut

l   M   e   e   r   Israel

K a s a c h s t a n

Usbekistan

K
a
s
p
i
s
c
h
e
s

M
e
e
r

Turkmenistan

Tiflis
Georgien   Baku
Aserbaidschan

Armenien
Jerewan

Teheran

I r a n

S y r i e n

Bagdad

I r a k

Damaskus

Amman   Jordanien

Kuwait
Kuwait-Stadt

24 Länder und Kontinente

Atlantischer

Ozean

Island

Jan Mayen
(Norw.)

Grönland
(mit Dänemark
assoziiert)

Irland

Faröer
(Dänemark)

Spitzbergen
(Norw.)

Norwegen

Bären-I.
(Norw.)

Barentsee

Portugal

Vereinigtes
Königreich
Großbritannien

Schweden

Nowaja
Semlja

Spanien

Frankreich

Deutsch-
land

Finnland

Marokko

Polen

Weißrussland

Russland

Ungarn

Moskau

Tunesien

Italien

Rumänien

Ukraine

A S I

Algerien

Malta

Bulgarien

Krim

Griechenland

Ankara

Astana

Türkei

Georgien

Kasachstan

Libyen

Zypern

Tiflis

Armenien

Aser-
baidschan

Jerewan

Baku

Usbekistan

Bischkek

Niger

Libanon

Beirut

Syrien

Taschkent

Kirgisistan

Israel

Damaskus

Turkmenistan

Duschanbe

Tadschikistan

Jerusalem

Amman

Bagdad

Aşgabat

Ägypten

Jordanien

Irak

Teheran

Iran

Afghanistan

Tschad

Saudi-
Arabien

Kuwait

Kabul

Islamabad

Sudan

Bahrain

Riad

Katar

Abu Dhabi

Pakistan

Nepal

Zentral-
afrikanische
Republik

V.A.E.

Neu-Delhi

Kathmandu

Eritrea

Maskat

Süd-
sudan

Sana

Jemen

Oman

Indien

Bangladesc

D.R.
Kongo

Dschibuti

Äthiopien

Sokotra
(Jemen)

Uganda

Lakkadiven
(Indien)

Ruanda

Kenia

Somalia

Burundi

Tansania

Colombo

Indischer

Sri Lanka

Sambia

Malawi

Malé

Malediven

Simbabwe

Victoria

Komoren

Seychellen

Ozean

Moroni

Botsuana

Mosambik

Mayotte
(Fr.)

Madagaskar

Chagos-Archipel
(G.-B.)

Diego Garcia
(G.-B.)

Cargados-Carajos-
Inseln (Mauritius)

Alaska
(Bundesstaat
der USA)

Aleuten

Maßstab 1 : 60 000 000

0   500   1000   1500   2000 km

ernaja
mlja

P a z i f i s c h e r

Kurilen

(von Japan
beansprucht)

E   N

O z e a n

Mongolei

Ulan Bator

Marcus-I.
(Jap.)

Nordkorea   Tokio
Pjöngjang

Bonin-In.
(Jap.)

Peking

Seoul

Japan

Vulkan-In.

Südkorea

C h i n a

Nansel-In.
(Jap.)

**Nördliche
Marianen
(USA)**

Taipeh

an
nu

Taiwan

Guam
(USA)

a

Hanoi

Myanmar Laos
Vientiane

Philippinen

Mikronesien

aypyidaw

Manila

Thailand

Bangkok

Vietnam

Melekeok

Palau

Kambodscha

Phnom
Penh

**Papua-
Neuguinea**

Andamanen
(Ind.)

Bandar Seri
Begawan

Port
Moresby

Nikobaren
(Ind.)

Malaysia **Brunei**

Kuala
Lumpur

Singapur

I n d o n e s i e n

Jakarta

Timor-Leste
Dili

Australien

© *westermann*

Europäisches Nordmeer
Island
Faröer (Dän.)
Norwegen
Schweden
Finnland
Russland
Vereintes Königreich Großbritannien Nordirland
Irland
Dänemark
Niederlande
Estland
Lettland
Litauen
Weißrussland
Kasachstan
Atlantischer Ozean
Belgien
Frankreich
Deutschland
Polen
Tsch. Republik
Slowakei
Ukraine
Usbekista
Schweiz
Österreich
Ungarn
Moldau
Slow.
Kroatien
Serbien
Rumänien
Georgien
Aserbaidschan
Turkmenista
Portugal
Spanien
Italien
Bulgarien
Armenien
Albanien
Griechenland
Türkei
Madeira (Port.)
Rabat
Algier
Tunis
Malta
Mittelmeer
Zypern
Syrien
Libanon
Irak
Iran
Marokko
Tunesien
Israel
Jordanien
Kuwait
Kanarische Inseln (Span.)
Tripolis
Kairo
Bahrain
Katar
El-Aaiún
Saudi-Arabien
Verein. Arab. Emirat
Sahara (von Marokko besetzt)
Algerien
Libyen
Ägypten
Oma
Mauretanien
A F R I K A
Rotes Meer
Jemen
Nouakchott
Mali
Niger
Tschad
Eritrea
Dakar
Senegal
Bamako
Niamey
N'Djamena
Asmara
Khartum
Dschibuti
Banjul
Gambia
Ouagadougou
Sudan
Dschibuti
Bissau
Guinea-Bissau
Burkina Faso
Benin
Nigeria
Addis Abeba
Somalia
Kindia
Guinea
Yamoussoukro
Togo
Abuja
Zentralafrikanische Republik
Südsudan
Äthiopien
Freetown
Sierra Leone
Ghana
Porto Novo
Juba
Monrovia
Côte d'Ivoire
Accra
Lomé
Kamerun
Bangui
Liberia
Malabo
Jaunde
Uganda
Äquatorialguinea
São Tomé
São Tomé u. Príncipe
Libreville
Gabun
Kongo
D. R. Kongo
Ruanda
Kampala
Kenia
Mogadischu
Cabinda (zu Angola)
Brazzaville
Burundi
Kigali
Nairobi
Ascension (G.-B.)
Kinshasa
Bujumbura
Dodoma
Indischer Ozean
Luanda
Tansania
Seychelle
St. Helena (G.-B.)
Malawi
Komoren
Moroni
Angola
Sambia
Lilongwe
Mayotte (Fr.)
Lusaka
Harare
Antananarivo
Atlantischer Ozean
Namibia
Simbabwe
Mosambik
Botsuana
Windhuk
Gaborone
Pretoria
Maputo
Madagaskar
Mbabane
Maseru
Swasiland
Maßstab 1 : 68 000 000
Südafrika
Lesotho
0   500 1000 1500 2000 km
Kapstadt
© westermann

A

abbiegen 26
Abendessen 46
abends 161
Abschleppwagen 145
acht 162
achtzehn 164
achtzig 165
Agentur für Arbeit 157
Aids 102
Airbag 21
Ajvar 64
Akku 112, 133
Altglas 16
Altpapier 16
Ananas 68
angeln 121
Angestellter 157
ängstlich 32
Anorak 84
Anwalt 111
Apfel 65
Apotheke 109
Aprikose 66
Arm 98
Armband 40
Armreif 40
Artischocke 74
Arzt 106, 156
Ärztin 106, 156
Atemnot 105
Aubergine 71
Auflaufform 59
Aufzug 6
Augenarzt 107
Ausländer-
  behörde 111
Auto 20
Autobatterie 145
Autoschlüssel 21
Autounfall 110

Autowerkstatt 145
Avocado 74

B

Baby 109
Babyflasche 38
Backblech 60
backen 62
Bäcker 38
Bad 7
Badeanzug 87
Badehose 87
Badewanne 7
Badminton 126
Bagel 43
Baklava 51
Balkon 9
Banane 65
Bank 33
Bankautomat 33
Bankkarte 33
Bar 134
Barbier 148
Barkasse 19
Barren 141
Basketball 126
Batterien 133
Bauarbeiter 155
Bauch 98
Baum 124
begrüßen 30
beige 91
Bein 98
Bekleidungs-
  geschäft 36
Berge 122
Berufsabschluss 144
Besen 146, 147
Bettbezug 6
Bettdecke 6
Bewohner-
  versammlung 7

BH 87
Bibel 117
Bier 55
Bild 11
Bilderrahmen 11
Billard 127
Biomüll 15
Biotonne 15
Birne 65
blau 90
Bleistift 139
blind 30
Blinddarm 100
Blume 11
Blumenkohl 72
Bluse 83
Blut abnehmen 102
Bock 141
Bohnen 75
Bohrmaschine 155
Bonbon 52
Bordkarte 17
Boule 127
braten 62
Brathähnchen 81
Bratkartoffeln 47
Bratwurst 50
braun 90
Brezel 43
Brief 115
Briefkasten 114
Briefmarke 115
Briefumschlag 115
Brille 38
Brokkoli 72
Bronze 92
Brötchen 43
Brotdose 142
Brücke 24
Bruder 29
Brust 98
Buch 139

Lehrerin 143
leise 129
Leiter 152
Leitungswasser 53
lesbisch 27
lieben 27
lila 91
Limette 66
Lineal 140
links 26
Linsen 76
Lippenstift 97
Locken 149
Löffel 57
Luftpumpe 23
Luftröhre 100
Lunge 100

M

Mädchen 137
Magen 101
Mais 74
Maler 152
Mancala 127
Mandeln 69
Mango 67
Mangostan 68
Markt 39
Marmelade 45
Mauer 150
Maurer 150
Mechaniker 145
Meer 119
Mehrbettzimmer 5
Mehrfachstecker 13
Memory® 128
Messer 57
Metzger 39
Mezze 49
Milch 42, 55
Mineralwasser 53
Mittagessen 46

mittags 161
Morcheln 75
morgens 161
Moschee 116
Motorboot 119
Motorrad 22
Motorroller 22
mountainbiken 123
MP3-Player 132
Mückenspray 119
Mückenstich 104
Mullbinde 104
Mülleimer 15
Muscheln 79
Museum 130
Müsli 42
muslimisch 116
Mutter 28, 109
Mütze 86

N

Naan 47
Nachbar 6
Nachhilfe 142
nachts 161
Nacken 99
Nadel 151
Nagel 153
Nagelfeile 97
Nagelknipser 96
Nähmaschine 150
Navi(gationsgerät) 21
Nein 31
Netz 126
neun 162
neunzehn 164
neunzig 165
nicht 9, 78
Nichtschwimmer 124
Nieren 82, 100

O

Obst- und Gemüse-
  händler 38
offen 37
öffentliches
  Telefon 113
Ohrringe 40
Ohrstöpsel 97
Öl 62
Oliven 76
Ölkanne 145
Omelett 45
Onkel 28, 29
Operation 106
Optiker 38
Orange 66
orange 90
Organe 100
orthodox 117

P

Paket 115
Pampelmuse 67
Pancake 44
Papaya 68
Papier 115
Papiertonne 16
Paprika 71
Paprikapulver 63
Parfüm 94
Parkplatz 22
Parkscheinautomat 22
Passionsfrucht 68
Patient 107, 156
Pause 138
Pausenhof 143
Peperoni 71
Pfanne 59
Pfeffer 63
Pferd 78
Pferdeschwanz 149